Yvon Dallaire

Les illusions de l'infidélité

La prévenir ou y survivre

jouvence ÉDITIONS

Du même auteur

Aux éditions Jouvence

Cartographie d'une dispute de couple, 2007

Aux Éditions Option Santé (Québec, Canada)

Qui sont ces couples heureux?, 2006

Moi aussi... Moi... plus, 2002

Homme et fier de l'être, 2001

Pour que le sexe ne meure pas 1999

Chéri, parle-moi! 1997

S'aimer longtemps? 1996

Aux Éditions Bayard Canada
(avec la Société Radio-Canada)

La planète des hommes (2005) (avec Mario Proulx *et al.*)

Extraits du catalogue Jouvence

Réussir son couple, Christel Petitcollin, 2005

Comment bien se disputer en couple, C. et S. Vidal-Graf, 2005

Bien communiquer en couple, O. et S. Stettler, 2005

Du divorce à la famille recomposée, Christel Petitcollin, 2005

Mais tu ne m'avais jamais dit ça !, C. et S. Vidal-Graf, 2003

Catalogue gratuit sur simple demande

Éditions Jouvence

France : BP90107 – 74161 Saint-Julien-en-Genevois CEDEX

Suisse : CP 184 – 1233 Genève-Bernex

Site internet : **www.editions-jouvence.com**

Courriel : info@editions-jouvence.com

ISBN 978-2-88353-544-2

Couverture: Dynamic 19, Thonon-les-Bains (France)
Mise en pages: atelier weidmann, Versoix / Genève (Suisse)

Sommaire

A tous les amants blessés

Introduction
Être humain

Une journaliste me demanda récemment si la fidélité était passée de mode et me fixa un rendez-vous pour une entrevue quelques jours plus tard. Ces quelques jours me permirent de revoir en pensée l'évolution du couple à travers l'Histoire et de me remémorer toutes les conditions qui font d'un couple un couple heureux à long terme. Et j'en vins à la conclusion inverse: je pense que, malgré l'augmentation actuelle des aventures extraconjugales, c'est l'infidélité qui est passée (ou passera) de mode. Je m'explique.

La vie en couple ne fit son apparition qu'au passage de la vie nomade, basée sur la chasse et la cueillette, à la vie sédentaire, basée sur l'agriculture, il y a seulement un peu plus de 10000 ans. Depuis trois millions d'années, l'humain vivait comme la majorité des espèces animales, en polygame, s'accouplant au vu et au su de tous ou, selon l'anthropologue Helen Fisher[1], à l'abri de buissons, à l'occasion de rencontres éphémères, sans même faire de rapport entre l'acte sexuel et la grossesse. Ce n'est que lorsque cette relation fut découverte que les hommes ont commencé à exiger la fidélité des femmes afin de s'assurer que leur force de travail soit investie pour leur progéniture et non pour celle de n'importe quel autre homme et pour préserver la transmission du patrimoine acquis. L'exclusivité sexuelle fut aussi exigée, à la Renaissance, par les institutions religieuses et médicales pour essayer d'enrayer les pandémies de maladies vénériennes. L'amour chevaleresque et le romantisme contribuèrent, de plus, à mettre en avant la fidélité comme gage d'amour. La fidélité est donc un comportement relativement récent dans notre Histoire.

Le mariage, tel que nous le connaissons aujourd'hui, ne fit son apparition qu'au XVe siècle. Et l'amour, comme raison principale du mariage (du moins dans les sociétés occidentales), qu'il y a à peine deux siècles. Jusqu'à tout récemment, la passion était considérée comme suspecte, car elle poussait hommes et femmes à des actions impulsives et irraisonnées, telle l'infidélité qui

[1] Fisher, Helen, *Histoire naturelle de l'amour. Instinct sexuel et comportement amoureux à travers les âges*, Paris, Robert Laffont, 1994.

fut de plus en plus ostracisée et condamnée, surtout l'infidélité féminine. C'est encore le cas dans de nombreux pays musulmans, où on lapide la femme infidèle, et dans certains états américains où l'infidélité est toujours prétexte à l'annulation du mariage et utilisée comme circonstance atténuante lors de crimes passionnels. Nonobstant ces extrémismes, la fidélité conjugale, en tant qu'exclusivité sexuelle, prit donc de plus en plus de valeur aux yeux de tous, comme nous le prouvent moult sondages populaires.

Ce n'est que tout récemment, en corrélation avec l'augmentation de l'espérance de vie, le mouvement d'émancipation féminine, l'arrivée de moyens contraceptifs infaillibles et le rejet des valeurs dites patriarcales lors de mai 68 et du mouvement hippie, que la *liberté sexuelle* fut mise de l'avant ; la fidélité fut reléguée aux orties et l'infidélité qualifiée de « bienheureuse[2] ». Au Québec, les émissions radio et télé sur le sexe ont foisonné et présenté des comportements sexuels marginaux comme tout à fait normaux, alors qu'en France la majorité des magazines de presse féminine ont banalisé l'infidélité et l'ont rendue *in*. La cour supérieure du Canada, signe des temps, vient de déclarer dans un jugement que

---

[2] Salomon, Paule, *Bienheureuse infidélité*, Paris, Albin Michel, 2003.

l'échangisme est maintenant légal et conforme aux mœurs canadiennes.

Une deuxième dimension de ma réflexion concerne l'évolution du cerveau. J'en arrivai à la même conclusion, c'est-à-dire que l'infidélité continuera de passer de mode, même s'il y aura toujours des récalcitrants et des intervenants professionnels pour déclarer le contraire. Nous savons que la base du cerveau humain est le cerveau reptilien, siège du centre du plaisir, y compris du plaisir sexuel. Nous partageons ce cerveau avec le règne animal, dont nous faisons partie, ne l'oublions pas. Ce cerveau contrôle les fonctions végétatives de base (entretien de la vie et croissance).

À partir du lobe olfactif[3] se développa, au cours de centaines de millions d'années, le système limbique, caractéristique exclusive des mammifères. Au centre de ce deuxième cerveau, appelé cerveau mammalien, se trouve le siège des émotions, lesquelles, quoi que moins sophistiquées, existent aussi chez les animaux qui éprouvent de la peur, de la rage et même de la fidélité. Les passionnés se laissent guider par ce cerveau émotif, source d'intensités agréables ou désagréables, et appliquent à la lettre le principe de la recherche du plaisir et la fuite de la douleur.

---

[3] L'odorat est le sens le plus développé parmi les millions d'espèces animales répertoriées.

Les primates possèdent un troisième cerveau, le néocortex, siège de la conscience; c'est chez l'humain qu'il est le plus évolué. Les singes les plus «intelligents» ne dépassent guère le développement psychique d'un humain de trois ans. Nous sommes les seuls à savoir que nous avons des sensations, éprouvons des émotions et sommes conscients d'être... conscients. Nous sommes les seuls à éprouver des sentiments, tels l'amour et la culpabilité, à planifier notre vie à long terme, à pouvoir créer de nouvelles conditions de vie et à posséder un sens éthique qui nous pousse à faire des choix de vie basés sur des «valeurs», telles le vrai, le beau et le bien.

L'humain ne peut toutefois occulter ses cerveaux mammalien et reptilien. Il ne peut que tenter de les harmoniser, parfois avec difficultés, car ce que nous pouvons trouver bien ou éthique peut parfois s'opposer au plaisir immédiat. Pour paraphraser je ne sais plus qui, «il reste à l'humain à développer son humanité», c'est-à-dire à guider son comportement à l'aide de son cerveau rationnel et moral plutôt que de se laisser envahir par son cerveau sensoriel ou émotif. Il doit rendre ses sensations et ses émotions intelligentes.

Je terminai l'entrevue avec la journaliste quelques jours plus tard par une question : «À quoi sert la vibration du corps et du sexe, si elle ne s'accompagne d'une vibration du cœur et de l'esprit?», résumant ainsi le paradigme des trois cerveaux.

Je vais essayer, dans les pages qui suivent, de vous démontrer que l'infidélité n'est jamais banale, qu'elle est un phénomène social et pourquoi elle arrive, qu'elle suscite nombre de conséquences, qu'il existe des moyens de la prévenir et, aussi, que l'on peut y survivre, seul ou en couple.

Si vous avez acheté ce livre, c'est que la question de l'infidélité vous touche, de près ou de loin :

- ☐ vous êtes infidèle ou y songez ;
- ☐ votre partenaire vous a trompé ou vous doutez de sa fidélité ;
- ☐ vous ne voulez pas que l'infidélité de votre partenaire ruine votre couple ;
- ☐ vous ne savez pas comment annoncer votre infidélité à votre partenaire ;
- ☐ vous voulez réparer les conséquences de votre infidélité ;
- ☐ vous êtes touché par l'infidélité de l'un de vos proches ;
- ☐ vous allez d'amant en amant traînant avec vous la peur de vous engager ;
- ☐ vous voulez tout simplement comprendre pourquoi cela arrive.

Peu importe votre motivation, j'espère que ce livre pourra répondre à vos questions. ◇

La réalité de l'infidélité

L'infidélité n'a pas de prix,
elle n'a que des conséquences.
RADJI LANREY

Pas facile d'avoir l'heure juste sur la prévalence de l'infidélité, étant donné le secret qui entoure cette activité. D'après certaines études méthodologiques faites en Europe, au Canada et aux États-Unis[1], entre 20 et 30 % des hommes et 15 à 20 % des femmes auraient eu des relations hors couples. Selon Shere Hite[2], aux États-Unis, 70 % des femmes mariées depuis au moins cinq ans et 72 % des hommes déclarent avoir été infidèles au moins une fois. La sociologue britannique Annette Lawson[3] évalue l'infidélité féminine entre 50 et 60 %. Les sondages populaires,

---

[1] Études rapportées par Langis, Pierre, *Psychologie des relations intimes*, Montréal, Bayard Canada, 2005.

[2] Hite, Shere, *Rapport Hite sur les femmes et l'amour*, New York, Stock, 1987.

[3] Lawson, Annette, *Adultery*, New York, Basic books, 1988.

commandés par des magazines à grand tirage, ou certaines enquêtes non soumises à des critères rigoureux concluent qu'environ 50 % des gens mariés seraient infidèles à l'occasion ou à répétition, possiblement plus chez les concubins. Un sondage récent du *Nouvel Observateur* enregistrait en France seulement 20 % de femmes fidèles. Deux à trois couples sur quatre se retrouveraient donc, un jour ou l'autre, aux prises avec l'infidélité de l'un et/ou l'autre conjoint. Pourtant, lorsqu'ils sont interrogés, 95 % des gens affirment que la fidélité, définie comme une exclusivité sexuelle, est importante ou très importante pour l'harmonie conjugale.

Une équipe de chercheurs[4] a démontré que la façon dont l'infidélité était découverte ou dévoilée avait un impact sur le taux de divorce consécutif. Ce taux est de 43,5 % si le trompeur l'annonce lui-même, de 68 % s'il est dénoncé par une tierce personne, de 83 % s'il est pris en flagrant délit et de 86 % si le conjoint trompé l'apprend en questionnant l'infidèle, après que ce dernier ait nié les faits. Les autres vivent difficilement la période qui suit. Ceux qui vont en

[4] Afifi, Falato et Weiner, « Identity Concerns Following a Severe Relational Transgression », in *Journal of Social and Personal Relationships,* vol. 18, nº 2, pp. 291-308, Arizona State University, 2001.

thérapie s'en sortent mieux, parce qu'ils comprennent pourquoi l'infidélité s'est infiltrée dans leur relation, bien qu'elle ne puisse jamais être thérapeutique en elle-même. Mais, tout comme les cardiaques, s'ils apportent des changements majeurs dans leur dynamique, ils peuvent même en tirer des leçons importantes. Pour moi, l'infidélité constitue un *infarctus conjugal*. La crise peut ne pas être fatale, mais le couple en reste marqué pour toujours.

« Accidentelle » du côté des hommes, l'infidélité serait plus calculée et réfléchie chez les femmes, prenant leurs aventures extraconjugales plus au sérieux psychologiquement et affectivement que les hommes qui n'y verraient que des histoires de sexe (permettez-moi toutefois d'en douter). C'est pourquoi les hommes seraient capables de mener de front une épouse et une amante (fantasme du harem) sans trop de problèmes de conscience, alors que les femmes, s'impliquant davantage dans leurs relations, se sentiraient plus coupables, non seulement face à leur conjoint, mais aussi face à leurs enfants et à leur entourage. Quoique l'infidélité ne soit plus un « délit » en Occident (la France considère les époux comme juridiquement égaux depuis 1975), la société semble toutefois, encore aujourd'hui, plus sévère envers l'infidélité féminine. Les hommes, plus que les femmes, seraient davantage éprouvés et auraient plus de difficulté à pardonner une aventure extraconjugale, tandis que les femmes pardonneraient difficilement une liaison affective. Pourtant, les gens qui divorcent pour aller vivre avec l'Autre[5] ont très peu de probabilités de former un couple à long terme, 8 à 10 % seulement y parviendraient. Cette statistique soutient l'hypothèse que la personne infidèle ne construit pas une relation, mais consomme plutôt des sensations et des émotions amoureuses sans jamais s'engager.

Les enfants d'un parent volage augmentent leurs risques d'infidélité ; on parle alors d'infidélité « générationnelle ». Au milieu du siècle dernier, deux fois plus d'hommes que de femmes étaient infidèles ; mais depuis que les femmes sont arrivées sur le marché du travail, elles ont atteint l'égalité dans ce domaine et prennent même une certaine longueur d'avance selon certaines études, question de se prouver qu'elles sont bien « libérées ». L'infidélité sévit

---

[5] J'utiliserai l'expression « l'Autre » pour éviter d'avoir à répéter l'amant ou la maîtresse ou l'amant(e). C'est d'ailleurs comme ça que la personne trompée qualifie généralement l'amant ou l'amante. J'ai mis un A majuscule car l'amant(e) est souvent mis sur un piédestal tant par l'infidèle que par la personne trompée. L'Autre a aussi l'avantage d'être un mot neutre. (N.D.A.)

dans toutes les classes de la population et dans tous les pays, y compris les plus répressifs. Près de 50 % des aventures ou liaisons ont lieu avec un collègue de travail, le plus souvent à l'occasion des fêtes de bureaux de fin d'année ou de « cinq à sept » occasionnels, l'alcool facilitant les passages à l'acte.

Ceux et celles qui discutent explicitement de fidélité avant le mariage ont plus de chances de le rester. L'intolérance à l'égard des relations extraconjugales est majoritaire parmi les couples récemment constitués, mais tend à s'atténuer avec le temps : plus de 40 %, après 15 ans de vie commune, croient au mariage « ouvert » (*open marriage*). Les membres d'un second mariage sont encore plus ouverts face à l'infidélité, du moins sur le papier.

À peine 7 à 8 % des espèces animales seraient monogames, du moins le temps d'une saison, les oiseaux en étant le meilleur exemple. La fidélité ne semble donc pas inscrite dans la biologie. Cependant, 2 à 3 % des espèces font preuve d'une fidélité absolue : les loups et les castors s'accouplent pour la vie et les mâles y sont des modèles de paternité. Les manchots empereurs et les hippocampes seraient aussi à imiter. L'humain se situe entre les primates très polygames, tels les bonobos, et les très monogames, tels les gibbons. On pourrait définir l'humain comme un monogame en série et, selon Wright, « de type aventurier et porté vers la promiscuité à certains moments et dans certaines circonstances[6] ».

■

COMMENTAIRE DE L'AUTEUR : au moment où le mouvement d'émancipation féminine atteint un apogée dans son objectif d'égalité, du moins en Occident, nous assistons paradoxalement à une hypersexualisation de la femme. Pourtant, l'une des revendications de ce mouvement était justement de désexualiser le corps de la femme. La presse féminine n'a jamais autant parlé de sexualité et particulièrement de sexualité génitale et les émissions radio et télé sur le sujet sont animées par des femmes à 95 % : ce sont donc les valeurs féminines qui sont véhiculées par les médias. En parallèle, se développent de nombreux groupes d'entraide pour hommes, axés sur la parole. Le désir sexuel de la femme coïncide avec un plus grand désir des hommes pour l'intimité. Amusant et intéressant.

◇

---

[6] Propos rapportés par Pierre Langis (note 4), p 279.

La découverte de l'infidélité

L'aiguille ne contient pas deux fils,
ni le cœur deux amants.
PROVERBE ARABE

Il n'existe pas de réponse toute faite à la question : « Dois-je ou non avouer mon infidélité ? » La réponse des psychologues tourne généralement autour de « Tout dépend de votre partenaire ». Par contre, je fus surpris de constater que ce que la presse féminine qualifie de sage conseil « N'avoue jamais ! » est un conseil de... grand-mère. Curieux, n'est-ce pas, que ce qui a longtemps été reproché aux hommes soit maintenant mis en avant par les femmes. Certains historiens anthropologues ont d'ailleurs démontré que les valeurs étaient plus conservatrices dans les sociétés patriarcales et plus « libérales » dans les sociétés matriarcales.

Quoi qu'il en soit, il n'est point nécessaire d'avouer une infidélité, car celle-ci, selon Bonnie Eaker Well et Ruth Winter[1], peut facilement être

[1] Weil, Bonnie. Eaker. et Winter, Ruth, *L'adultère est un péché qu'on pardonne*, Montréal, Éditions De l'homme, 1994.

découverte par divers indices, certains grossiers, d'autres plus subtils. Le « il » dont il est question dans les indices ci-dessous fait évidemment référence au partenaire, et non à l'homme, le mot partenaire ayant l'avantage d'être neutre dans la langue française. Lorsqu'il est question d'infidélité, on a la fâcheuse tendance à pencher du côté masculin. Il est en effet beaucoup plus facile d'imaginer notre père infidèle que notre mère. N'est-ce pas ? Plus le nombre d'indices s'accumule plus le risque d'infidélité de votre partenaire augmente.

Indices classiques

- ☐ rouge à lèvres sur le col de la chemise ;
- ☐ brusques raccrochages du téléphone ;
- ☐ factures de téléphone élevées ;
- ☐ relevés de carte de crédit anormalement élevés ;
- ☐ odeur inhabituelle d'alcool ou de parfum.

Indices subtils

- ☐ il passe de plus en plus de temps à l'extérieur ;
- ☐ il part plus tôt au travail et rentre plus tard ;
- ☐ au bureau, il est difficile à rejoindre par téléphone ;

- ☐ il prend des cours du soir qui se terminent très tard;
- ☐ à la maison, il est nerveux ou se met à en faire beaucoup plus que d'habitude.

Indices verbaux

- ☐ le nom d'un collègue, d'un ami, d'un voisin revient de plus en plus souvent ou, au contraire, il ne parle plus du tout de quelqu'un dont il était souvent question auparavant;
- ☐ il commence à avoir des opinions différentes ou des plaisanteries inhabituelles.

Indices esthétiques

- ☐ il se préoccupe de sa forme, fait plus d'exercices et suit un régime;
- ☐ il s'habille de façon plus sexy;
- ☐ il manifeste un changement longtemps espéré (hygiène, mauvaises habitudes...);
- ☐ il opère un changement corporel important: chirurgie plastique, implant.

Indices alarmants

- ☐ la fréquence des rapports sexuels augmente ou diminue fortement ;
- ☐ il propose de nouvelles positions pour faire l'amour ;
- ☐ il change les préliminaires ou les saute carrément ;
- ☐ il cesse de vous parler d'amour ou devient moins romantique ;
- ☐ il fait de plus en plus de secrets avec ses factures ;
- ☐ il se précipite sur le téléphone ou le répondeur ;
- ☐ il provoque des disputes, est plus agressif, plus défensif, plus irritable ;
- ☐ la tension générale augmente dans la maison et les enfants sont de plus en plus angoissés.

Il existe un dernier indice, un indice subjectif : votre petite voix intérieure qui vous dit qu'il se passe quelque chose, la qualité de votre intimité avec votre partenaire ayant changé. Même si aucun des indices ci-dessus n'est présent, votre intuition devrait être suffisante pour vérifier avec votre partenaire comment il se sent dans votre relation. Il n'est peut-être pas encore passé à l'acte et le fait de raviver votre intimité pourrait prévenir une infidélité potentielle. Il est évident que celui des deux partenaires qui se sent « attiré » par une autre personne devrait s'en ouvrir à son conjoint, mais l'état de la relation ou la réceptivité de l'autre ne s'y prête pas toujours. La fidélité conjugale n'est jamais garantie ; mieux vaut rester sur ses gardes et entretenir les acquis et la nouveauté dans votre couple.

◇

Fausses croyances à propos de l'infidélité

Le pire danger qu'il y a à tromper autrui,
c'est qu'on finit toujours par se tromper soi-même.
ELEONORA DUSE

La fidélité sexuelle est donc un acquis récent de l'humanité. Il est toutefois de bon ton aujourd'hui de remettre en question cette exclusivité sexuelle et la tendance a été, chez certains philosophes et autres penseurs, de minimiser les effets négatifs d'une « simple » infidélité, pour reprendre leur expression. Leur slogan semble être « le plaisir pour le plaisir ». Pourquoi remettre une relation en question pour si peu ? « Mener des relations multiples sans porter atteinte à son couple est faisable », *dixit* Paule Salomon. C'est, à mon avis, une façon tout à fait schizoïde de croire que l'on peut s'engager dans des rapports sexuels intimes sans implications émotives, relationnelles et spirituelles. La manifestation la plus extrême de cette pensée fut la création des *surrogates*[1] par des

---

[1] *Surrogate:* terme anglais signifiant partenaire sexuel substitut.

sexologues californiens. Il existe de nombreux mythes concernant l'infidélité, même chez des intervenants conjugaux bien intentionnés.

Ce qu'on ne sait pas ne peut faire de mal. Cette croyance conduit nombre d'hommes et de femmes à taire leur infidélité, sous prétexte de ne pas faire mal à l'autre. Le problème est que la personne volage sait qu'elle l'a été et que ce fait existera toujours entre les deux partenaires. C'est pourquoi beaucoup finissent par révéler leur « secret » afin de se libérer de ce poids qu'ils sont seuls à supporter, avec toutes les conséquences qui s'ensuivent. Les répercussions sont encore plus lourdes lorsque l'autre apprend l'infidélité plusieurs années après et constate que sa relation était basée sur un mensonge.

L'infidélité est thérapeutique. Certaines personnes croient que l'infidélité peut compenser la monotonie sexuelle installée dans un couple et qu'elle peut même raviver la passion entre les partenaires. C'est du moins la thèse des échangistes qui proposent l'infidélité au su et au vu de l'autre. Il suffit d'être sexologue pour savoir les ravages causés au couple par l'infidélité. C'est loin d'être thérapeutique : on ne peut régler un problème en ajoutant un autre problème par-dessus. L'infidélité est trop destructrice pour être thérapeutique.

L'infidélité est la principale cause du divorce. Quoique l'infidélité soit souvent l'occasion ou le prétexte du divorce, elle est plutôt la conséquence d'un déséquilibre ou d'une insatisfaction conjugale. Hommes et femmes deviennent, la plupart du temps, infidèles pour compenser les frustrations sexuelles et émotives vécues à l'intérieur du couple.

Tout le monde le fait, fais-le donc ! Connaissez-vous l'histoire des moutons de Panurge, personnage d'un roman de Rabelais, qui s'étaient tous suicidés en se jetant d'une haute falaise ? Ce n'est pas parce qu'un comportement est *in* qu'il est nécessairement sain. Beaucoup de nos contemporains s'imaginent que pour ne pas « mourir idiot », il faut avoir tout essayé.

L'infidélité est sexuelle. Certains croient que s'il n'y a pas eu pénétration, il n'y a pas eu véritable infidélité. Allons donc ! Savez-vous qu'un homme qui délaisse sa partenaire pour consacrer tout son temps à son travail ou la femme qui s'éloigne de son conjoint pour s'occuper de façon exclusive de son enfant sont, pour moi, tous deux infidèles ? L'infidélité ne se situe pas seulement en dessous de la ceinture, elle peut aussi être affective. Au-delà du sexe, les infidèles recherchent ce qu'ils ne trouvent plus dans leur couple, que ce soit l'attention, la valorisation, l'admiration, le respect, l'intimité... L'époux infidèle recherche souvent à combler un vide affectif. La femme infidèle est portée à quitter son mari lorsqu'elle vit un puissant lien affectif avec un autre homme.

L'homme est infidèle pour le sexe, la femme par amour. Cette croyance conduit notre société à pardonner plus facilement l'infidélité des hommes, la disant moins grave que celle du cœur. Sauf que mon expérience de psychologue me conduit à penser qu'au-delà du sexe l'homme recherche surtout à combler un vide affectif et, qu'aujourd'hui, de plus en plus de femmes sont infidèles uniquement pour le plaisir.

Les femmes sont monogames par nature, les hommes par accident... *dixit* saint Thomas d'Aquin, il y a une éternité. Nos 50 à 60 % de femmes modernes infidèles nous prouvent actuellement le contraire. Si vous en doutez, lisez *L'histoire naturelle de l'amour* de l'anthropologue Helen Fisher.

Le sexe est meilleur avec l'amant ou l'amante. Parfois, mais très souvent, le sexe n'est ni meilleur ni pire. Il est même surprenant de constater jusqu'à quel point l'Autre ressemble au partenaire ou est même moins attrayant.

L'infidélité est une question de personnalité. Il n'existe pas de personnalité type d'infidèle même si nous découvrons souvent l'existence d'une même dynamique affective.

L'infidélité est sans danger. « Cette relation ne signifie rien pour moi. », « Il n'y a pas de mal à se faire du bien. », « Il ne faut pas être jaloux ou possessif. » Ces croyances sont en fait des rationalisations utilisées par ceux qui cherchent une justification à leur comportement. Lorsqu'elle est découverte, l'infidélité menace tous les membres de la famille, comme le ferait un ouragan qui foncerait sur votre maison. La première et plus importante conséquence d'une infidélité est la perte de confiance. La perte de respect (du partenaire, des enfants, des amis…) en constitue une autre. Or, que vaut une relation sans confiance ni respect réciproques ? Dans les cas les plus dramatiques, des gens ont tué ou se sont suicidés suite à la découverte d'une infidélité. Sans parler des maladies transmissibles sexuellement : avoir un rapport sexuel avec une personne, c'est aussi avoir un rapport sexuel avec toutes les personnes qui ont eu des rapports intimes avec elle. Et que dire des grossesses surprises ?… Certaines études concluent que 5 à 7 % des pères élèvent, à leur insu, des enfants qui ne sont pas les leurs.

■

Mon point de vue est qu'on n'est pas infidèle lorsque l'on est véritablement heureux, à moins d'être masochiste ou de manifester un comportement autodestructeur. De plus, comme on le constate chez les couples heureux, la fidélité envers soi et ses engagements ainsi qu'envers l'autre et les engagements pris avec cet autre constituent une des bases du bonheur conjugal. De quelle « bienheureuse » infidélité parle-t-on ? Pourquoi prendre le risque de détruire ce qui a pris tant de temps et d'énergie à construire ?

Plus que la peur des conséquences néfastes de l'infidélité sur l'équilibre du couple, la véritable réflexion est surtout éthique et doit faire appel à la dignité humaine. Comme déjà dit: «À quoi sert la vibration sexuelle des corps si elle ne s'accompagne pas d'une vibration du cœur et de l'esprit?» La fidélité devient alors une question de décision. Cette décision sera-t-elle prise par le cerveau primitif, guidé par la recherche du plaisir et la fuite de la douleur, par le cerveau émotif à la recherche d'intensité ou par le néocortex, siège de la conscience et du sens éthique? À ma connaissance, seul l'être humain possède un sens éthique et les partenaires des couples heureux semblent l'utiliser davantage que ceux des couples malheureux.

◇

Pourquoi cela arrive-t-il ?

Quand nous sommes las d'aimer,
nous sommes bien aises
que l'on devienne infidèles,
pour nous dégager de notre fidélité.
La Rochefoucauld

Pour pouvoir prévenir ou survivre à l'infidélité, il est préférable de savoir quels sont les motifs qui peuvent pousser quelqu'un qui s'est investi dans une relation à aller voir ailleurs. Pourquoi un conjoint en arrive-t-il à rompre son vœu de fidélité ? Les enquêtes démontrent que 75 % des hommes et 50 % des femmes disent que l'excitation sexuelle est une raison suffisante pour avoir ou entretenir une aventure extraconjugale. Plus de 50 % des femmes infidèles et un peu moins de 50 % des hommes justifient leur aventure par le fait d'être tombés amoureux.

En fait, sous des prétextes conscients existent souvent des motifs plus ou moins inconscients. Ces motifs peuvent être aussi variés que les situations ou les personnes en cause, mais sont généralement la conséquence d'un déséquilibre affectif personnel ou conjugal et impliquent habituellement l'ennui, la solitude et les frustrations de toutes sortes. L'infidélité est souvent une tentative très maladroite de retrouver un équilibre personnel ou d'équilibrer, émotionnellement ou sexuellement, un couple.

Plusieurs motifs présentés par les infidèles ne sont souvent que des *prétextes* qui démontrent une absence totale d'esprit critique: « C'est à la mode. Tout le monde le fait. », « Il est impossible de rester monogame aujourd'hui. », « Une femme libérée se doit d'avoir des amants. », « Aucun de mes copains n'est fidèle. », « L'être humain est un animal polygame. », « Pourquoi je m'en priverais. », « Je veux profiter de ma jeunesse au maximum. » Ces argumentations sont dues à l'affaiblissement des valeurs morales et à une plus grande permissivité sexuelle. Nous vivons actuellement dans une société de loisirs, axée sur l'égoïsme et l'égocentrisme et sur le principe de « jeter après usage ». À la moindre frustration, on démissionne et on recommence ailleurs. Ces hommes et ces femmes ne cherchent qu'à se conformer à ce qu'ils croient être « politiquement correct » et rejettent toute valeur traditionnelle d'engagement. Il n'y a pas de doute qu'aujourd'hui existe une génération que Marie-France Bazzo, animatrice à la Société Radio-Canada, appelle « ego.com ».

Il existe aussi des prétextes *« situationnels »*, c'est-à-dire que nos études ont démontré que l'incidence de l'infidélité augmentait dans certaines circonstances de vie, circonstances heureuses ou malheureuses. Il y a en fait sept moments où les risques d'infidélité deviennent critiques : à la naissance d'un enfant, lors de la crise de la quarantaine, à l'occasion d'une perte d'un emploi, lors du décès d'un proche, durant une maladie ou suite à un handicap du conjoint, à l'occasion du divorce des parents ou suite à un changement de statut social. Si, lors de ces moments, une occasion se présente (une fête de bureau bien arrosée, un voyage, un congrès…), les probabilités sont élevées que la personne en profite pour compenser le stress inhérent à ces expériences critiques de vie.

D'autres motifs sont d'ordre *relationnel*. L'infidélité est souvent vécue comme une tentative très maladroite pour attirer l'attention d'un partenaire qui considère son conjoint comme acquis. Ce peut être aussi pour échapper au contrôle d'un conjoint autoritaire. Par esprit de vengeance suite à l'infidélité de l'autre ou une simple opportunité à l'occasion d'un 5 à 7 ou d'un congrès loin de chez soi. Comme conséquence à des années d'accumulation de ressentiment. Pour amener l'autre à demander le divorce. Pour faire mal à l'autre et lui exprimer son agressivité. Pour faire peur à l'autre afin de vérifier l'intensité de son amour. Finalement par simple besoin de distraction combiné au stress du travail et de la vie en famille.

De nombreux motifs sont totalement *inconscients*. Utiliser son partenaire comme bouc émissaire parce que son parent de sexe opposé l'a négligé pendant l'enfance. Faire payer à son partenaire les souffrances qu'un parent a infligées à l'autre parent. La répétition d'un scénario familial où l'on est infidèle de père en fils, de mère en fille. L'espoir illusoire d'une symbiose qui remplirait le vide existentiel. Le besoin irrépressible de plaire afin de compenser la peur de l'abandon ou des expériences de rejet infantile. Un désir inconscient d'autodestruction dans le style : « Je n'ai pas droit au bonheur » ou « Je ne peux réussir là où mes parents ont échoué ». Pour recouvrer l'estime de soi dans un nouveau regard.

Mais, de tous, le motif le plus fréquent est le *déséquilibre conjugal* sexuel ou affectif qui s'installe après quelques années de vie commune, une fois passée la passion et la routine installée. Les personnes infidèles ne veulent généralement pas mettre fin à leur relation, elles y sont somme toute relativement à l'aise ; mais, comme elles n'obtiennent plus, dans leur couple, l'attention ou la valorisation qu'elles recherchent ou la satisfaction de certains besoins affectifs ou sexuels, elles vont alors chercher la satisfaction de ces besoins dans les bras d'un collègue de travail ou d'une rencontre de passage.

S'il y a infidélité, c'est que le couple est aux prises avec un déséquilibre entre des besoins d'intimité et des besoins d'autonomie. Si j'étouffe dans ma relation, il est fort possible que j'aille respirer ailleurs, avec quelqu'un qui me laisse libre d'aller et venir quand bon me semble. Mais je serai aussi infidèle si j'ai l'impression de ne plus compter pour l'autre, si je sens que l'autre me considère acquis. Je risque fort de succomber si quelqu'un me donne l'attention, l'affection, la tendresse ou le sexe que je ne trouve plus à la maison. Si un Autre s'infiltre dans le couple, c'est qu'il y a de la place, un vide, une fissure, dans laquelle cette troisième personne peut se glisser. Ce déséquilibre est la résultante de l'interaction entre les deux membres du couple. C'est pourquoi la personne trompée, en thérapie, est interpellée comme coresponsable lors de l'infidélité du conjoint, même si l'infidèle demeure responsable à 100 % de son passage à l'acte. La personne trompée n'a pas littéralement « poussé » son partenaire dans les bras de l'autre, mais est coresponsable du déséquilibre relationnel à la source de l'infidélité de son partenaire. Il n'y a pas un coupable et une victime lors d'infidélité conjugale, mais bien deux réalisateurs, deux acteurs et... deux perdants, à moins d'avoir affaire à un infidèle chronique ou à un psychopathe, ce qui ne représente que 2 à 3 % de la population. Dans ce dernier cas, il n'y a alors qu'une seule solution : partir.

◇

L'infidélité, une histoire de famille

La confiance est contagieuse,
de même pour la méfiance.
MICHAEL O'BRIEN

Si l'infidélité ne concernait que le couple et la troisième personne, tous des adultes, ce serait un moindre mal. Mais ce comportement, même caché, interpelle autant la famille ascendante que descendante, autant les quatre parents et aïeux du couple concerné que leurs enfants et petits-enfants. L'infidélité n'est pas en elle-même héréditaire, mais apparaît comme un héritage psychoaffectif. Il est très rare, lorsque l'on reconstitue le « génogramme » (histoire familiale), de ne pas rencontrer un parent infidèle et l'on sait que les enfants augmentent leur probabilité d'infidélité si l'un de ses deux parents a eu une liaison extraconjugale. Il y a ainsi des familles qui transportent avec eux certains secrets de génération en génération. Des films ont été réalisés sur ce sujet. Osez vérifier auprès de vos parents, particulièrement si vous-mêmes avez vécu une infidélité.

La vérité est parfois surprenante, surtout si vous n'imaginez pas votre mère ou votre grand-mère en train de crier de plaisir. De plus en plus de psychologues parlent de scénarios générationnels. L'histoire des rois de France ou d'ailleurs est truffée de ce genre de secrets.

D'un autre côté, même en essayant de cacher votre infidélité à votre conjoint, vos enfants se rendront compte qu'il se passe quelque chose. On dit que les enfants possèdent des antennes affectives et qu'ils peuvent sentir des choses, capacité que les adultes ont perdue en devenant « raisonnables ». Si les parents sont tendus, « absents », préoccupé par une décision à prendre, les enfants le percevront et le manifesteront non pas par des mots, mais par des comportements régressifs, agressifs ou hyperactifs. La plus grande peur des enfants est d'être abandonné par leurs parents et ils sont hypersensibles à tout ce qui vient troubler l'harmonie familiale.

Qu'on le veuille ou non, qu'on en soit conscient ou non, les enfants sont facilement portés à se sentir coupables et responsables du comportement de leurs parents. Devenus adultes, ces enfants répètent le scénario familial soit en rejouant les mêmes problématiques, soit en voulant se venger du parent de sexe opposé sur leur partenaire, soit en se dissociant du scénario familial par la fuite de toute intimité ou la recherche des partenaires incompatibles ou inaccessibles parce que mariés. J'ai reçu nombre de clients, en trente ans de pratique, incapables de faire totalement confiance à leur partenaire parce que le parent de sexe opposé avait été infidèle, alcoolique ou violent. Ces enfants, ayant souvent pris parti pour leur « parent victime » contre leur « parent tyran », dirigent à l'âge adulte leur colère ou leur méfiance sur leur partenaire qui devient alors le bouc émissaire en remplacement du parent fautif. Ce n'est que lorsque le client peut enfin comprendre la coresponsabilité de ses deux parents dans leur dynamique relationnelle et se décharger de sa culpabilité qu'il peut mieux comprendre sa dynamique personnelle et conjugale et s'en libérer en rejetant cette mission. Il cesse alors d'être partagé et divisé et peut commencer à s'aimer réellement et aimer réellement son partenaire.

Reconstituer le génogramme permet de comprendre beaucoup de choses. D'après Weil et Winter, plusieurs scénarios générationnels peuvent se développer comme conséquence à l'infidélité de l'un des deux parents. La fille dont le père a été infidèle pourra développer de la colère et de la méfiance envers les hommes. Elle aura une faible estime d'elle-même, ce qui augmente la probabilité qu'elle soit infidèle ou qu'elle épouse un homme qui deviendra infidèle. Elle pourrait aussi choisir un homme qu'elle croit incapable de la tromper ou choisira des hommes non disponibles ou encore deviendra la maîtresse d'un homme marié. Si c'est sa mère qui a été infidèle, elle pourrait craindre l'engagement, se venger de sa mère en se débauchant, se retrancher dans la frigidité ou le dégoût de la sexualité ou être attirée par des hommes distants ou mariés.

Le fils dont le père a été infidèle peut s'identifier à celui-ci et se vanter de ses exploits amoureux et sexuels. Il pourrait trouver normal qu'une femme accepte son libertinage. Il réalisera probablement le divorce que son père n'a pas eu le courage de consommer ou entretiendra une femme et une amante, incapable de choisir entre les deux. Il pourrait aussi épouser une femme qu'il voudra sauver en lui jurant une fidélité éternelle, en réaction à l'infidélité de son père. Si c'est sa mère qui a été infidèle, il pourrait nier cette réalité, être incapable de véritable intimité et de fidélité, devenir impuissant par vengeance ou au contraire accumuler conquêtes sur conquêtes.

Si les deux parents ont été infidèles, tous ces scénarios se dramatisent et, souvent, seule une thérapie pourra aider l'enfant d'un couple infidèle devenu adulte à se libérer du scénario parental pour réussir sa vie amoureuse. Que nous le voulions ou non, l'image de notre « âme sœur » se fait à partir des aspects positifs et négatifs de nos deux parents, même si nous nous promettons de ne jamais épouser un partenaire comme notre mère ou notre père. Notre première relation amoureuse constitue souvent une tentative d'exorciser notre enfance en répétant la dynamique émotive familiale.

Une fois la lune de miel terminée, nous nous retrouvons confrontés à notre vide existentiel, à nos frustrations, à nos illusions et nous recherchons la chimérique relation symbiotique dans une nouvelle « âme sœur », elle aussi tout à fait utopique. Nous devons faire face à notre solitude et apprendre à la gérer, à l'apprivoiser, sinon nous resterons d'éternels dépendants affectifs ou craintifs de l'intimité et de l'engagement. Nous ne pouvons ni nier ni remplir notre vide existentiel. Nous pouvons le reconnaître, l'accepter et partager nos besoins d'intimité avec quelqu'un.

Nous recherchons donc, en amour, la personne qui pourra nous aider à régler les problèmes non résolus de notre enfance, mais qui, inévitablement, deviendra celle qui nous créera le plus de problèmes. Nous désirons améliorer les traits négatifs de nos parents et retrouver leurs traits positifs et nous sommes attirés par les personnes qui possèdent un grand nombre des traits que nous avions désavoués pendant notre enfance.

C'est dans ces différentes dimensions que nous considérons l'infidélité comme une histoire de famille.

◇

À qui la faute ?

Que celui qui est sans péché
lui jette la première pierre.
Jésus de Nazareth

Vu de l'extérieur, il est facile d'accuser la personne qui trompe et de compatir avec la personne trompée. Mais, comme nous venons de le voir, il y a de nombreux motifs générationnels inconscients en jeu dans l'infidélité. Il est à mon avis simpliste, mais tellement humain, de chercher un coupable à accuser et une victime à défendre. Cela est dû à la faiblesse de notre cerveau incapable d'appréhender la totalité de la réalité et à notre éducation religieuse qui nous conditionne à tout classer en dieu ou diable, en bon ou mauvais.

Le paradoxe de la passion

Tous les couples passent par les mêmes étapes, vivent les mêmes moments difficiles et sont aux prises avec les mêmes conflits, souvent insolubles[1]. Par contre, tous les couples ne sont pas nécessairement aux prises avec l'infidélité de l'un et/ou l'autre partenaire. Tous les couples développent aussi une dynamique fondamentale, appelée paradoxe de la passion par Delis et Phillips[2] et dont voici une brève description.

Au début des histoires d'amour, les deux partenaires sont désireux de construire la relation et incertains de pouvoir y arriver. Les deux augmentent donc leurs comportements séducteurs afin de s'assurer le contrôle émotionnel de l'autre, développer la certitude d'être aimés et conjurer leur peur d'être rejetés. C'est le côté fusionnel ou passionnel du paradoxe. Les hommes sont charmants, prévenants, attentifs et communicatifs. Les femmes sont belles, valorisantes, toujours d'accord et sexuellement réceptives. Les deux sont amoureux, passent un maximum de

---

[1] Pour une description détaillée de ces étapes, moments critiques et conflits insolubles, je vous invite à lire *Qui sont ces couples heureux ?*, Québec, Éditions Option Santé, 2006.

[2] Delis, Dean et Phillips, Cassandra, *Le paradoxe de la passion ou les jeux de l'amour et du pouvoir*, Paris, Robert Laffont, 1992.

temps ensemble, fantasment et tout le reste est dans l'ombre. Toi et moi ne faisons plus qu'un. Chacun cherche à remplir son vide existentiel et à exorciser sa peur de la solitude souvent vécue comme un isolement.

Après un certain temps, généralement après seize à dix-huit mois, le besoin de fusion passionnelle s'estompe pour faire place à un amour plus tranquille. L'autre pôle du paradoxe, le besoin d'autonomie, fait alors surface. C'est inévitable puisque la satisfaction d'un besoin le fait disparaître : manger dissipe la faim. Être assuré que mon partenaire est acquis diminue ma soif de le conquérir. La passion tue le désir qui ne peut renaître que de la frustration de celui-ci. « Je t'aime, je nous aime, mais j'existe aussi en dehors de toi et de nous et je veux me réaliser en tant qu'être autonome. J'ai besoin de m'éloigner de toi pour pouvoir à nouveau te désirer. »

Si les besoins de fusion passionnelle et d'autonomie personnelle étaient équivalents chez les amants, il existerait un équilibre conjugal parfait. Les deux amants oscilleraient de la fusion à l'autonomie, sans heurts. Mais, ne soyons pas dupes, la réalité est tout autre : deux personnes, à plus forte raison un homme et une femme, ne peuvent avoir le même besoin d'autonomie et de fusion. Le plus autonome des deux, celui dont le besoin de fusion est plus rapidement satisfait, voudra se retrouver seul pour vaquer à des activités autres qu'amoureuses : reprendre contact avec ses amis, investir plus de temps dans son travail, consacrer de l'énergie à son hobby, réaliser ses projets personnels... Le plus fusionnel des deux, celui dont l'insécurité amoureuse est la plus grande, aura peur d'être abandonné et augmentera ses comportements séducteurs : il voudra fusionner plus souvent, plus intensément, exigera plus de marques d'affection et d'attention et sera plus sensible à tout changement relationnel. Il voudra retrouver l'assurance d'être aimé et reprendre le contrôle émotionnel sur son partenaire.

Dans ces conditions, il est facile de comprendre que, si l'un a le goût de prendre de la distance au moment précis où l'autre veut se rapprocher, il s'installera un déséquilibre dans la satisfaction des besoins fusionnels et d'indépendance entre les amants et une certaine lutte pour le pouvoir. Plus l'un s'éloigne, plus l'autre se rapproche ; plus l'autre se rapproche, plus l'un s'éloigne. C'est ce que j'appelle le principe de l'ombre. Plus l'un devient dépendant de l'attention de l'autre, plus l'autre se sent piégé et moins il a le goût de se rapprocher : il devient alors « contredépendant ». Très souvent, l'un devient critique et l'autre, défensif. La lutte pour le pouvoir qui s'ensuit, chacun voulant que l'autre réponde à son besoin de fusion ou d'autonomie, crée les conditions idéales pour les disputes de couple et des comportements symptomatiques, telle l'infidélité.

Lorsqu'un couple se trouve aux prises avec un tel déséquilibre, une telle lutte pour le pouvoir, les deux partenaires sont susceptibles d'infidélité. Le « contredépendant », appelé aussi dominant, voudra créer ailleurs une ou plusieurs relations dans lesquelles il se sentira libre d'aller et venir, sans aucun engagement étouffant. Le dépendant, appelé aussi dominé, voudra chercher ailleurs l'attention ou la valorisation que son partenaire ne lui accorde plus, se confirmant en même temps qu'il est digne d'amour.

Il n'y a aucun doute que l'infidèle est responsable à 100 % de son passage à l'acte, mais il n'est que coresponsable du déséquilibre à la base du symptôme. Le symptôme aurait pu être tout autre. Beaucoup d'hommes utilisent le travail comme prétexte pour conserver une distance avec leur partenaire devenue dépendante émotive ; beaucoup de femmes compensent la perte de fusion romantique par la fusion maternelle. C'est pourquoi je parle aussi d'infidélité affective. Pour moi, est aussi infidèle la personne qui entretient une relation sexuelle ou amoureuse à l'extérieur de son couple que la personne qui devient obsédée par son travail (workaholique) ou qui se limite à son rôle parental.

Il serait facile, comme certaines approches thérapeutiques ont cherché à le faire, de demander au partenaire plus autonome de rassurer celui qui se sent abandonné et de passer plus de temps avec lui. Mais pourquoi ne faire reposer la responsabilité du déséquilibre relationnel que sur les épaules du dominant ? On pourrait tout aussi bien demander au dominé d'être patient et d'attendre que l'autre ait un regain de son désir de fusion, une fois satisfait son besoin d'autonomie.

Tous les couples doivent apprendre à gérer ce paradoxe de la passion et à accepter qu'il y ait un certain déséquilibre dans leur relation émotionnelle, que les besoins de fusion ou d'autonomie ne soient pas immédiatement satisfaits au moment de leur apparition. Oui, le dominant devrait rassurer son partenaire, mais le dépendant devrait laisser son conjoint libre d'aller et venir. L'intimité n'est pas synonyme de symbiose, mais bien un espace, un temps, un territoire entre des moments de fusion et d'autonomie. Tout couple doit travailler à créer une relation permettant la satisfaction de ces deux besoins.

Test d'infidélité[3]

Plus le déséquilibre relationnel est élevé, plus les risques d'infidélité augmentent. Pour savoir si vous êtes aux prises avec ce déséquilibre et pour en évaluer l'intensité, répondez au questionnaire de la page suivante en utilisant le barème indiqué.

Additionnez vos résultats et vous obtiendrez le pourcentage de probabilité que l'un de vous deux soit déjà infidèle ou y songe sérieusement.

De 20 à 39%. Très faible probabilité, surtout si vous vivez ensemble depuis plus de cinq ans. Vous avez appris à bien gérer le paradoxe de la passion et n'êtes pas réellement aux prises avec un déséquilibre relationnel.

De 40 à 59%. Faible probabilité, sauf si vous vivez ensemble depuis moins de cinq ans. Vous passez de bons moments ensemble, mais parfois le paradoxe frappe à votre porte. Mais, pour le moment, l'entente est cordiale et chacun investit équitablement dans la relation.

De 60 à 79%. Probabilité de moyenne à forte. Vous êtes de plus en plus souvent aux prises avec

[3] Ce test est inspiré des travaux de Delis et Phillips.

Test d’infidélité	
Barème Pas du tout = 1 Rarement = 2 Occasionnellement = 3 Souvent = 4 Presque tout le temps = 5	
L’un des deux est possessif ou jaloux	
L’un des deux attend souvent après l’autre	
L’un des deux se fait plaindre par ses amis ou ses parents	
L’un des deux veut davantage communiquer	
L’un des deux dit « Je t’aime » ou « M’aimes-tu ? » plus souvent	
L’un des deux est l’objet des regards des autres en public	
L’un des deux est moins tendre après une relation sexuelle	
L’un des deux veut parler des problèmes du couple	
L’un des deux, lors de sorties, se sent délaissé, surveillé, gêné	
L’un des deux investit davantage dans sa carrière ou dans le soin des enfants	

L'un des deux refuse les relations sexuelles ou en exige plus	
L'un des deux considère la relation comme acquise	
L'un des deux voudrait plus d'engagement de l'autre (mariage, enfant…)	
L'un des deux traite l'autre d'égoïste ; l'un des deux traite l'autre d'exigeant	
L'un des deux est devenu soudainement plus irritable	
L'un des deux propose des expériences sexuelles marginales	
L'un des deux s'enferme dans le silence	
L'un des deux présente depuis peu des changements importants	
L'un des deux s'absente de plus en plus souvent	
Vos disputes ont tendance à augmenter en fréquence et en intensité	
Total	

le paradoxe. Le déséquilibre relationnel a tendance à s'installer et vos positions se polarisent. Attention !

De 80 à 100 %. Votre couple est véritablement en danger. L'un de vous deux étouffe dans votre relation alors que l'autre se sent négligé. Vous passez plus de temps à vous disputer qu'à vous aimer, ce qui augmente les risques d'infidélité de l'un et de l'autre. Une thérapie est à envisager avant que l'irréparable ne se produise.

■

Si votre résultat est élevé, surtout ne vous culpabilisez pas ou n'accusez pas votre partenaire d'un manque d'amour ou de mauvaise foi. Reconnaissez que vous êtes aux prises avec le paradoxe de la passion et que le vrai coupable n'est pas vous ou l'autre, ni l'amour ou la bonne foi, mais la dynamique inhérente à toute relation amoureuse. Le vrai coupable se situe entre les deux partenaires. C'est le déséquilibre provoqué par la lutte pour le pouvoir entre la fusion et l'autonomie qui est la véritable cause de l'infidélité et qui se manifeste sous différentes formes.

◇

Survivre à l'infidélité

À l'être que nous avons le plus aimé,
nous ne sommes pas si fidèles qu'à nous-mêmes.
MARCEL PROUST

Comme nous avons pu le constater dans les pages précédentes, aucune infidélité n'arrive sans raison, tout comme aucune n'arrive sans avertissement ou sans conséquences pour le couple et son entourage. Nous savons aussi que les partenaires sont en fait coresponsables du déséquilibre qui amène l'infidélité, même si l'infidèle reste seul responsable de sa décision de passer à l'acte. Si, du point de vue du couple, ce comportement n'est jamais justifiable, on peut toutefois tourner une infidélité à l'avantage du couple. L'erreur serait de la nier ou de la minimiser ou de faire comme si elle n'était pas arrivée, de passer rapidement à autre chose en laissant au temps le soin d'arranger les choses. Le temps, en soi, n'arrange jamais les choses. Une telle trahison laisse des traces indélébiles qui peuvent générer un véritable cancer si le couple et parfois toutes les personnes impliquées n'y réagissent pas comme il se doit.

Il faut que trompeur et trompé connaissent les vraies raisons de l'infidélité, reconnaissent leur part de responsabilité réciproque dans le déséquilibre qui l'a amenée, travaillent sur eux pour faire disparaître les éléments la favorisant, réévaluent la relation de couple et refassent un nouveau contrat. Le partenaire trompé doit évidemment arriver à pardonner et à refaire confiance, même s'il ne pourra (et ne devrait) jamais oublier. Le partenaire infidèle doit mettre fin à la relation et modifier son comportement, malgré tous les efforts et la peine que cela demandera. Il doit aussi se débarrasser de sa honte et de sa culpabilité : il reste totalement responsable de son passage à l'acte et des conséquences, mais il doit comprendre qu'il est l'enjeu d'une dynamique beaucoup plus vaste que son comportement inconstant peut laisser entrevoir à première vue.

L'annonce ou la découverte d'une infidélité est presque toujours explosive, même si elle ne fait que confirmer les doutes de la personne trompée. Il existe toutefois des moyens de minimiser les dégâts. Le trompeur doit être motivé par un réel désir d'améliorer la relation, être le plus calme possible, choisir le moment pour en parler, rassurer son partenaire sur son amour pour lui, éviter l'hostilité et les comportements accusateurs ou défensifs, utiliser les techniques de communication efficaces, prendre tout le temps nécessaire pour faire parler son partenaire, répondre à ses questions sans être trop explicite, accepter la colère du partenaire trompé, ne pas espérer un pardon immédiat, ne pas s'enfermer dans le silence mais parler de ce qui est arrivé, être sincère et interrompre la liaison pour rétablir sa crédibilité.

Celui qui se croit trompé doit confronter son partenaire avec ses doutes ; il doit affirmer sans porter de jugements, être direct (« Je pense que tu me trompes »), ne pas envoyer de doubles messages du genre « Si jamais tu me trompes, je te quitte », regarder son partenaire dans les yeux et régler la question. Trompé, il doit comprendre que son conjoint passe un mauvais moment et qu'il est tenaillé par la culpabilité, la colère, la peur, la tristesse et la honte. Il ne doit pas en rajouter, car il y a un risque que l'infidèle ne s'enferme dans le silence. Le partenaire trompé ne doit jamais s'excuser ou dire « Tout est de ma faute ». Il peut exiger que la liaison cesse.

Il doit comprendre qu'il sera difficile pour son conjoint de mettre fin à une liaison somme toute satisfaisante et excitante, relation qui puise ses racines dans les souffrances de l'enfance. Pardonner une telle trahison n'est pas chose facile, mais c'est essentiel. L'infidèle doit, de son côté, prendre conscience des dégâts provoqués par son acte et accepter de se remettre en question afin de régler, seul ou avec un thérapeute, les blessures de son passé.

Les deux conjoints doivent évaluer si leur relation de couple vaut la peine d'être sauvée, rétablir et respecter les règles de la fidélité, être prêts à combattre ensemble les fantômes d'un passé lointain (enfance) et rapproché (infidélité) et se questionner réciproquement sur leur relation amoureuse et leur attrait sexuel. La difficulté dans le traitement des conséquences d'une infidélité est que la souffrance de chacun l'empêche de voir celle de l'autre.

Ce n'est qu'à ces conditions qu'une infidélité pourra finalement servir l'intérêt du couple. Certains de mes clients ont su non seulement contrôler leurs réactions émotives et prendre les bonnes décisions concernant l'avenir de leur couple, mais ils ont aussi pris conscience jusqu'à quel point ils tenaient l'un à l'autre et ont su raviver ainsi leur passion. Ils ont compris la dynamique du paradoxe de la passion et appris à en utiliser les polarités pour éviter que s'installe à nouveau un déséquilibre relationnel, réelle source de l'infidélité.

Du strict point de vue du couple, l'infidélité est inacceptable, car elle sape la confiance nécessaire au projet commun. L'infidélité est aussi une insulte et se vit, pour la personne trompée, comme une véritable gifle. La colère, réaction compréhensible lors de la découverte d'une infidélité, est une émotion très corrosive. Refoulée, elle finira par exploser en détruisant tout sur son passage. Cette colère pourrait toutefois sauver le couple si elle est dirigée contre le déséquilibre conjugal au lieu d'être dirigée contre le conjoint ou retournée contre soi. La colère devient très positive si elle n'est pas transformée en vengeance, si elle se libère de façon acceptable et si elle permet de faire un bilan rétrospectif pointant, sans les juger, les erreurs de chacun des partenaires.

Il n'est pas facile de passer de la colère au pardon afin de retrouver l'amour. Ce processus peut prendre plusieurs mois. Au début, le conjoint trompé sera obsédé par l'événement, il aura du mal à dormir, de multiples questions envahiront sa pensée; il pourra même devenir anorexique, boulimique, improductif, « dysfonctionnel », suicidaire; il pourrait même avoir des idées meurtrières. Quant au trompeur, il pourra lui aussi être obsédé par l'événement et regretter les conséquences de son acte,

Le couple aux prises avec l'infidélité doit en permanence garder cinq choses en tête:

① L'infidélité est le symptôme d'un déséquilibre dont les deux membres du couple font partie;

② Ceux qui ne souffrent pas ne sont pas infidèles;

③ Il est normal qu'il y ait de l'agitation, des larmes, des scènes de colère, un deuil à vivre…

④ Il est possible de survivre à l'infidélité.

⑤ Leur couple n'est pas le seul auquel un tel traumatisme survient.

Les deux partenaires impliqués par une infidélité ont chacun une peine d'amour à vivre, aussi paradoxal que cela puisse paraître. Et, comme pour tout deuil, ils doivent passer par les quatre étapes : la dénégation, la colère, la culpabilité et, finalement, l'acceptation de la situation.

■

Le premier deuil est celui du partenaire trompé et se vit sur plusieurs plans :

☐ son fantasme de l'« âme sœur » idéale vient de s'envoler ;

☐ son rêve d'amour parfait est brisé ;

☐ il ne peut plus admirer son partenaire comme auparavant ;

☐ il a l'impression qu'il ne pourra plus jamais lui faire confiance ;

☐ il se demande s'il pourra aimer son partenaire à nouveau ;

☐ ses illusions sur l'amour se heurtent à une dure réalité.

Quelque chose vient de se briser et cela fait mal, horriblement mal.

Quant à l'infidèle, lui aussi perd quelque chose. Il devra renoncer à une relation qui, comme toute relation qui commence, semblait remplie de promesses de bonheur intense et éternel. Les moments passés avec l'Autre ont souvent été des moments « suspendus » dans une vie devenue routinière et stressante, sinon ennuyeuse et insatisfaisante. L'infidèle devra faire le deuil de ces compensations et des fantasmes qui les accompagnaient. Il devra faire le deuil des plaisirs qu'il y trouvait pour faire, lui aussi, face à sa réalité.

En fait, les deux partenaires se trouvent à une croisée des chemins. La personne trompée doit renoncer à son couple idéal pour affronter son couple réel. L'infidèle doit choisir entre deux partenaires, entre deux styles de vie. L'une doit faire le deuil de son idéal, l'autre, le deuil d'un fantasme. *Les deux ont à pleurer la perte du roman d'amour à l'origine de leur couple.* Ce processus demande beaucoup de courage, de détermination, d'énergie et de patience, mais la récompense finale en vaut la peine: la (re)naissance d'un amour réel, quoiqu'imparfait et seulement humain. Il sera difficile pour les deux partenaires de se soutenir mutuellement dans la résolution de leur deuil, puisque l'un et l'autre sont à l'origine de leur peine d'amour. On ne peut être à la fois cause et remède. Mais ce travail de support est nécessaire pour transformer la crise de l'infidélité en croissance conjugale.

Il n'est évidemment pas ici question d'excuser la personne volage ou de présenter l'infidélité comme thérapeutique, car ce serait l'encourager. Il est toutefois nécessaire que les deux partenaires comprennent les véritables enjeux de cet infarctus conjugal, en saisissent ses causes et ses conséquences pour faire disparaître le déséquilibre à la base de l'infidélité et permettre une évolution positive du couple.

Pour les deux partenaires qui, seuls ou avec l'aide d'un thérapeute, ont mis en pratique les conseils ci-dessus, un moment vient où ils se sentent prêts à pardonner et à poursuivre leur route en tant que couple. Quant aux autres, ils ont divorcé et conservé l'amertume, le désir de vengeance et la douleur provoquée par l'infidélité. Certains sont restés seuls avec leur ressentiment; d'autres se sont remariés, mais n'ont jamais pu à nouveau faire confiance et s'engager à fond avec leur nouveau partenaire. Quelques-uns, grâce à un cheminement personnel ou à un processus thérapeutique ont pu comprendre et se libérer des enjeux sous-jacents à l'infidélité. Parmi ceux et celles qui ont quitté leur partenaire pour aller vivre avec l'Autre, très peu de ces nouveaux couples ont survécu à leur lune de miel.

Il est important d'arriver à pardonner, car le pardon n'est pas quelque chose que nous accordons à autrui, mais plutôt un cadeau que nous nous faisons à nous-mêmes en assumant notre colère, notre perte, notre culpabilité et notre vide. Pardonner signifie que nous reconnaissons l'enfant blessé en nous, en notre partenaire, en chacun de nos parents. Pardonner veut dire comprendre, cesser de juger, oublier l'obsession de l'infidélité, rebâtir la confiance mutuelle, recommencer à aller au-devant de l'autre, favoriser la communication, revaloriser la fidélité et favoriser la tendresse. Pardonner, c'est retrouver l'estime de soi.

La partie la plus difficile du processus de pardon concerne la sexualité, symbole de l'intimité, surtout si l'infidélité a été consommée dans le lit conjugal. La sexualité interdite nous fascine, mais peut devenir une véritable obsession, d'où l'importance pour le partenaire infidèle de ne pas donner d'information sur les détails concernant sa sexualité avec l'Autre. Si vous décidez de pardonner à votre conjoint infidèle, ne vous punissez pas en refusant de faire l'amour. Sinon, mieux vaut vous séparer. Dites-vous que vous avez gagné la bataille si votre partenaire veut faire l'amour. Et si, au-delà de l'infidélité, vous avez retrouvé votre compagnon du début, mais amélioré, peut-être devriez-vous aller remercier la personne qui vous a cocufié.

Si vous avez tout essayé et que rien n'a fonctionné, y compris la thérapie, le divorce peut alors devenir la seule solution. Contrairement à la croyance populaire, il faut beaucoup de courage pour divorcer. Il est toutefois conseillé de consulter un psychologue avant votre décision finale. Ce psychologue vous aidera à faire le deuil de votre relation avant de vous référer en médiation, facilitant ainsi votre séparation. Vous pourrez alors partir l'âme tranquille en vous disant que vous avez vraiment tout fait et vous serez mieux outillé pour gérer le paradoxe de la passion de votre prochain couple.

◇

Prévenir l'infidélité

Un homme ou une femme avertis
en valent deux.
Dicton populaire

La première et plus grande prévention de l'infidélité consiste à en parler de façon explicite avant de vivre ensemble, mais ce contrat de fidélité peut se dire ou se rédiger en tout temps, y compris après l'infidélité de l'un des partenaires. J'ai un couple d'amis suisses qui se sont mariés au Burkina Faso. Dans ce pays, aux mœurs quelque peu différentes des nôtres, l'officiant demanda à mon amie Sophie si elle acceptait que son mari puisse prendre d'autres femmes avec lui. Ce à quoi elle répondit évidemment non. Mon ami Alexandre savait à quoi s'en tenir. Dans nos cérémonies de mariage, on demande aux futurs époux de se jurer fidélité, mais il semblerait que peu s'en souviennent.

Il est tout à fait humain et normal d'être attiré par d'autres personnes que son conjoint ou de fantasmer sur ce que serait la vie avec une autre personne. Lors de mes ateliers *Éthique et Sexualité*, je conseille fortement aux thérapeutes de parler avec leur conjoint de l'attirance physique ou de l'émotion qu'ils peuvent parfois ressentir pour certains clients. En acceptant cette partie humaine (animale) de leur être et en communiquant avec un partenaire réceptif et compréhensif, ils diminuent la charge sexuelle ou émotive qui risquerait d'entraver la relation thérapeutique. On devrait faire la même chose lorsque cela se produit avec nos collègues ou amis. C'est souvent le secret qui entretient le désir et renforce le fantasme. Partager ce secret le désamorce. Je crois qu'il est possible d'établir des relations amicales avec l'autre sexe, mais à la condition que la dimension sexuelle ait été explicitement discutée et éliminée.

Il existe de nombreuses stratégies à utiliser pour entretenir la relation de couple, écarter le risque de l'infidélité et faire partie des couples heureux à long terme. Je vous renvoie à la lecture de mon livre *Qui sont ces couples heureux?* pour le détail de ces stratégies, mais voici de façon très synthétique quelques trucs infaillibles.

Dites-vous tous les jours à voix haute que vous vous aimez. Ces trois petits mots si difficiles à prononcer « Je t'aime », surtout avec les années et les conflits inévitables du couple, agissent comme un véritable « Sésame, ouvre-toi » et constituent la meilleure protection contre l'infidélité.

Exprimez physiquement votre amour tous les jours. Il n'est point nécessaire de faire l'amour tous les jours, mais prenez le temps de vous toucher, de vous embrasser, de vous sourire, de vous faire un clin d'œil. Faites ce que les États-Uniens appellent un *hug*, un baiser corps à corps : tenez-vous debout, enlacez votre partenaire, collez-le avec tout votre corps et respirez ensemble, tantôt les yeux fermés, tantôt en vous regardant dans les yeux. Et tant mieux si les enfants vous surprennent !

Dans vos discussions, ne cherchez pas à avoir raison. Décidez de préserver l'essentiel : votre amour.

N'attendez aucune perfection, ni de votre partenaire ni de vous-mêmes. Acceptez d'être influencé par l'autre et valorisez vos différences.

Partez régulièrement comme amants et amoureux, pour une soirée, un week-end, une semaine et plus, peu importe l'endroit où vous allez. Donnez congé aux enfants qui ne vous aimeront que davantage parce qu'ils se seront ennuyés. N'oubliez jamais que la base de votre couple, de votre famille, de votre patrimoine, c'est le rêve que vous avez tous deux élaboré lors de votre phase de séduction et de votre lune de miel. Ravivez-le régulièrement !

◇

Questions-réponses

Ceux qui ne parviennent pas
à se souvenir du passé
sont condamnés à le revivre.
SANTAYANA

Vous trouverez ci-dessous les questions le plus souvent posées par mes clients lors de situation d'infidélité et l'essentiel des réponses que je leur propose.

Questions-réponses pour l'infidèle

Dois-je avouer mon infidélité ?
Il n'existe pas de réponse toute faite à cette question. Tout dépend de votre motivation. Révéler votre infidélité vous soulagera, mais chargera votre partenaire. Si vous voulez le blesser en lui avouant votre infidélité, vous réussirez certainement. Par contre, si vous annoncez votre infidélité pour éclaircir le malaise qui existe dans votre couple et pour améliorer votre relation, je vous encourage

à le faire. Mieux vaut alors crever l'abcès, même si une cicatrice subsistera à vie. Il vous faut être très clair sur les raisons qui vous poussent à avouer votre infidélité, car sa découverte pourrait détruire votre couple. Comme dans beaucoup de situations, le cas par cas est de mise.

Mieux vaut retarder l'annonce de l'infidélité si votre partenaire vit un moment difficile, comme la mort d'un parent proche par exemple. Mieux vaut taire votre infidélité si vous le faites uniquement pour soulager votre conscience ou si vous savez que votre conjoint ne le supporterait pas et vous quitterait ou encore si vous avez décidé de vous séparer de votre partenaire. D'un autre côté, le secret encourage la poursuite de la relation infidèle. La honte, la culpabilité et l'ambivalence qui accompagnent une vie parallèle risquent de pourrir votre relation jusqu'à la séparation ; mieux vaut alors affronter la situation. Mais, il est peut-être préférable de taire une infidélité passagère ou ancienne à laquelle vous avez déjà mis fin, malgré vos remords.

Comment annoncer mon infidélité ?

L'annonce d'une infidélité provoque presque toujours une explosion. Pour en minimiser les dégâts, assurez-vous d'être motivé par un désir réel d'améliorer votre couple et choisissez un moment d'accalmie. Assurez-vous aussi que votre partenaire est au meilleur de sa forme physique et mentale, car vous aurez à contrôler votre propre hostilité et votre tendance à vous défendre devant sa réaction de colère inévitable et compréhensible. Ne l'accusez surtout pas d'être le responsable de votre infidélité : « Si tu me disais plus souvent que tu m'aimes ou si tu faisais plus souvent l'amour avec moi, ce ne serait jamais arrivé. » Dites « Je ». Pour éviter que votre partenaire imagine le pire, répondez à ses questions légitimes. Ne le faites surtout pas taire et laissez-lui la possibilité de vous exprimer sa colère, sa déception, sa trahison, sa tristesse… Ne défendez pas l'Autre si votre conjoint l'attaque. Dites lui que vous l'aimez et rappelez-lui les bons souvenirs que vous avez accumulés ensemble et que c'est pour cette raison que vous « confessez » votre infidélité : pour sauvegarder et améliorer votre relation, car vous avez mis ou voulez mettre fin à votre relation extraconjugale.

N'espérez évidemment pas un pardon immédiat. Au contraire, vous risquez d'en entendre parler longtemps. Acceptez que votre partenaire revienne régulièrement sur la situation même s'il ne se rend pas compte que vous passez un moment terrible, que vous êtes rongé par le remords, que vous aussi avez mal. Comprenez que sa souffrance l'empêche de voir la vôtre. Acceptez d'aller en thérapie si votre partenaire le propose. C'est un signe qu'il veut comprendre et qu'il ne vous rejette pas parce que vous avez été infidèle.

Dois-je répondre à toutes les questions ?

Il est normal que la personne trompée veuille savoir, mais il est préférable de taire certains détails, particulièrement ceux entourant la sexualité, pour éviter que des images trop précises de ce qui s'est passé avec l'Autre ne deviennent une véritable obsession et n'entretiennent sa colère à votre égard. Il est toutefois légitime que la personne trompée puisse savoir qui est l'Autre, où, quand et depuis combien de temps les rencontres avaient lieu et s'il y a d'autres personnes au courant de l'infidélité. Elle est aussi en droit de savoir si vous aimez l'Autre, si vous voulez vous séparer pour aller vivre avec l'Autre ou si vous allez cesser ces rencontres et si vous aimez encore votre partenaire. Toutes les autres questions concernant les détails de l'endroit où se faisaient vos rencontres, le contenu, la fréquence ou la qualité des relations sexuelles, les comparaisons entre votre partenaire et l'Autre ou tous autres détails intimes sont superflus, même dangereux.

Il est normal que la personne trompée exprime sa colère face à l'Autre. Le fait de ne répondre qu'aux questions légitimes permet de soulager cette colère et d'écarter les obsessions. C'est la personne infidèle qui doit imposer les limites aux questions. Il faut aussi que la personne trompée comprenne que si elle veut entrer dans les détails, elle risque de stimuler la nostalgie de son partenaire pour l'Autre et le « pousser » à nouveau dans ses bras. La personne trompée qui revient sans cesse sur ces questions risque aussi d'amener l'infidèle à défendre ou protéger l'Autre, ce qui aura comme conséquence d'entretenir la tension et le déséquilibre entre les conjoints, qui, rappelons-le, sont les véritables causes de l'infidélité. La personne trompée doit se protéger d'elle-même en cessant de fantasmer sur ce qui a pu se passer entre son partenaire et l'Autre : une image précise, réelle ou imaginée, est plus difficile à oublier qu'une image floue. Plus la personne trompée en saura, plus elle aura à pardonner.

Questions-réponses pour la personne trompée

Comment réagir à l'infidélité de mon partenaire ?

J'ai déjà abordé cette question au chapitre Survivre à l'infidélité. J'aimerais ajouter ici, qu'au-delà de la souffrance engendrée par cette découverte, il vous faudra apprendre à la gérer sans la nier, pour ne pas la subir et tomber dans le rôle de la victime. L'aveu d'infidélité doit être perçu comme une occasion de faire le bilan de votre couple. Vous êtes coresponsable du déséquilibre relationnel qui a amené l'infidélité de votre partenaire ; devenez coresponsable du rétablissement de cet équilibre. Il vous sera essentiel d'en parler, d'exprimer vos sentiments, vos craintes, vos questionnements, mais soyez patient : le temps vous apportera le recul et la sagesse nécessaires pour dédramatiser l'événement qui ne sera plus qu'un mauvais souvenir.

Dois-je pardonner l'infidélité de mon partenaire ?

Tout couple, sauf exception, vaut la peine d'être sauvé ; tout couple mérite une deuxième chance. Survivre à un divorce demande des mois et des années et provoque des conséquences, souvent irréparables, aux deux partenaires et à leur entourage. En fait, le pardon est l'objectif ultime de la thérapie de l'infidélité et il est nécessaire pour la survie et l'amélioration de votre couple, mais pas à n'importe quelle condition. Ce pardon est évidemment tributaire de l'arrêt de la relation avec l'Autre et d'un (premier ou nouveau) contrat de fidélité avec votre partenaire.

Rappelez-vous que pardonner ne veut pas dire excuser, oublier, encore moins approuver. Le pardon est selon Bonnie Eaker Weil « un cadeau que nous nous faisons à nous-mêmes » en nous libérant des émotions et ressentiments envers la personne à qui nous l'accordons. Le refuser, c'est vouloir contrôler la situation et l'autre. Vous ne pourrez pas améliorer votre relation si vous ne vous réconciliez pas avec votre conjoint. Vous devrez pardonner si vous voulez reprendre confiance en votre partenaire et en votre couple.

Pardonner à votre partenaire et vous pardonner, c'est finalement accepter que vous soyez des êtres humains erratiques et perfectibles. C'est aussi accepter que votre père ou votre mère infidèles soient des êtres humains auxquels vous devrez aussi pardonner pour vous libérer totalement et commencer à vivre pleinement. Je n'estime pas nécessaire d'en parler ouvertement à vos parents, à moins que vous ne sentiez une certaine ouverture de leur part. Sinon, ce serait raviver chez eux des blessures anciennes. L'important, c'est de pardonner aux parents que vous transportez à l'intérieur de vous, afin qu'ils n'influencent plus votre présent ni votre couple.

Dois-je reprendre mes activités sexuelles avec l'infidèle ?

Les relations sexuelles sont l'un de comportements les plus intimes qui soient et qui impliquent non seulement le corps, mais le cœur et l'esprit; la totalité de l'être, quoi! S'il y a eu infidélité, c'est qu'il y avait de la place entre les deux partenaires. Refermer cet espace suppose la reprise d'activités intimes. Mais comment s'abandonner lorsque l'on a l'impression de faire l'amour à trois: toi, moi et l'Autre, surtout si les activités sexuelles illicites ont eu lieu dans le lit conjugal ? De plus, encore aujourd'hui, la sexualité est souvent un sujet tabou et sensible.

C'est souvent la personne trompée qui « sent » encore l'Autre dans le lit et qui empêchera toute reprise d'activités sexuelles. C'est dommage, car l'abstinence punit certes l'infidèle, mais il punit aussi la personne trompée qui se prive alors des plaisirs de la sexualité et de l'orgasme. Vous pouvez, si le doute existe, exigez de votre partenaire qu'il passe un examen médical avant de reprendre les activités sexuelles, mais si vous décidez de faire chambre à part pour toujours, mieux vaut divorcer immédiatement. Refuser de reprendre votre intimité sexuelle, c'est jeter l'éponge et accepter que l'Autre soit gagnant.

J'ai rencontré certains couples où, au contraire, l'infidélité de l'un des partenaires a réactivé la passion, comme si le risque de perdre l'autre l'avait rendu plus désirable. C'est fantastique de constater comment des couples aux liens forts se sont mis à dialoguer, à faire l'amour et à pleurer ensemble suite à une infidélité. J'ai des clients, hommes et femmes, qui ont même cultivé leur sex-appeal pour se rendre plus désirables auprès de leur partenaire et qui ont mis plus de variété dans leur vie sexuelle conjugale, assurant ainsi leur victoire sur l'Autre et facilitant à leur partenaire la rupture avec l'Autre. Rien de mieux qu'un plaisir pour remplacer un plaisir perdu. Je ne suis pas en train de faire la promotion de l'infidélité comme stimulant passionnel (comme le suggèrent les échangistes), mais c'est, justement et souvent, la frustration de certains besoins qui a amené un conjoint à devenir infidèle. L'infidélité aurait pu être évitée si ces désirs avaient été satisfaits. Retrouver ces plaisirs auprès du partenaire aimé cimente la relation et bouche les fissures par lesquelles l'Autre ou un(e) Autre pourrait s'infiltrer à nouveau. La vie est trop courte pour se priver du bonheur de la sexualité et de l'intimité.

Comment savoir si je dois rompre suite à une infidélité ?

L'infidélité est un indice que quelque chose ne tourne pas rond dans votre couple. Ce quelque chose est-il réparable ou irréconciliable ? L'explosion consécutive à la découverte ou l'annonce d'une infidélité devient une occasion privilégiée pour faire le bilan du couple et évaluer si cela vaut la peine (ou la joie) de persévérer. Il y a toutefois des situations où le divorce devrait être sérieusement envisagé. Certains des motifs ci-dessous peuvent s'appliquer aussi à l'infidèle.

☑ Le divorce est conseillé dans tous les cas où l'un des deux partenaires est un infidèle récidiviste. On peut pardonner une infidélité, mais si le partenaire n'est pas réellement motivé pour s'investir dans le couple, mieux vaut la séparation, car l'infidélité est alors utilisée comme rempart à l'engagement.

☑ Mieux vaut divorcer si vous n'arrivez pas à pardonner l'infidélité de votre partenaire plutôt que de le lui « faire payer » pendant des décennies. Votre relation deviendra rapidement un enfer et tous deux, ainsi que les enfants, en souffriront.

☑ Si l'infidélité a tué votre amour pour votre partenaire, si vous êtes devenu indifférent à celui-ci, donnez-vous alors la chance de reconstruire chacun votre vie avec quelqu'un d'autre.

☑ Si votre partenaire infidèle refuse de consulter, après que vous ayez tout fait vainement pour arranger les choses, déménagez. C'est signe qu'il ne veut pas se remettre en question, à plus forte raison s'il essaie de vous faire porter la responsabilité de son infidélité.

☑ Divorcez si vous ne vous êtes pas marié par amour mais pour échapper à votre vide intérieur, vide accentué par l'infidélité. Et surtout si votre souffrance est plus grande que le plaisir que vous retirez de votre relation.

☑ Divorcez si la crise consécutive à l'infidélité ne vous permet pas de vous regarder en face et de développer une plus grande intimité avec votre partenaire. Si ni l'un ni l'autre n'est prêt à travailler la relation pour l'améliorer, qu'est-ce que vous faites ensemble ?

☑ Divorcez si vous avez l'impression que votre partenaire a utilisé l'infidélité pour vous pousser à ce choix.

☑ Divorcez si l'infidèle refuse de rompre avec l'Autre ou vous propose un ménage à trois.

☑ Divorcez si votre partenaire refuse toute responsabilité dans le déséquilibre à la base du symptôme de l'infidélité.

☑ Partez immédiatement si vous êtes victimes de mauvais traitements physiques ou si vous craignez pour la sécurité de vos enfants.

☑ Divorcez si votre partenaire le veut ou s'il vous dit: « Je ne t'aime plus. » Croyez-le!

☑ Mais ne divorcez pas si vous le faites pour vous venger de votre partenaire ou parce que vous n'avez pas réussi à vous débarrasser de votre sentiment de culpabilité ou encore parce que vous croyez que vous pourrez mieux remplir votre vide intérieur ailleurs.

■

Le divorce n'est pas nécessairement synonyme d'échec. Souvent, il est même plus difficile de se séparer que de se résigner. La séparation peut aussi faire partie ou initier un processus thérapeutique, tant pour la personne qui décide de quitter que pour la personne quittée, peu importe qui a été infidèle. Avant de prendre cette décision finale qui marquera le reste de votre vie, celle de votre conjoint et celle de vos enfants, demandez l'aide d'un thérapeute conjugal, avec ou sans votre partenaire.

Questions-réponses pour les deux

Devrions-nous rencontrer l'Autre ?

Oui, il est possible que la personne trompée puisse rencontrer l'Autre, seule ou en couple, mais dans des conditions précises. Cette rencontre ne peut, évidemment, pas se faire sans l'accord de l'Autre qui, aussi curieusement que cela puisse paraître, accepte la plupart du temps. Il est même inévitable de devoir rencontrer l'Autre s'il est un parent ou le meilleur ami de la personne trompée. Rencontrer l'Autre permet de connaître votre « concurrent(e) ». Cela peut même être bénéfique de savoir que l'Autre n'est pas aussi séduisant(e) que vous l'imaginiez et parfois qu'il vous ressemble étrangement. Mais, il serait préférable de ne pas rencontrer l'Autre si votre situation s'améliore, si l'infidèle s'y oppose farouchement, si vous êtes incapable de contrôler votre colère ou si l'Autre risque de devenir violent ou, par vengeance d'être quitté, pourrait en profiter pour donner des détails, réels ou inventés, qui risqueraient de vous brouiller à tout jamais avec votre conjoint. À l'inverse, si la personne trompée profite de cette rencontre pour injurier l'Autre, elle se dévalorisera elle-même aux yeux de l'infidèle et le poussera à défendre l'Autre.

Il est préférable que cette rencontre se fasse dans un endroit neutre, de préférence en public, ou par téléphone. Cette rencontre doit être civilisée, avec un objectif de compréhension réciproque, sans tentative d'humilier l'Autre. Expliquez-lui calmement et fermement que vous vous battez pour sauver votre couple, sans nier les sentiments que votre partenaire infidèle et l'Autre peuvent éprouver l'un pour l'autre. Si votre partenaire n'a pas encore décidé de rompre avec l'Autre, proposez leur une trêve de quelques semaines ou de quelques mois pour éclaircir la situation et permettre à l'infidèle de faire un choix définitif.

Des rencontres à trois permettent souvent de faire ressortir certaines dynamiques relationnelles ou générationnelles et facilitent la décision, pour l'infidèle ou la personne trompée, de rester ou de partir, de continuer de se battre ou de laisser son partenaire s'en aller. Ne dit-on pas du véritable amour qu'il veut le bonheur de l'être aimé même dans les bras de l'Autre ?

Devons-nous en parler aux enfants ?

Qu'on le veuille ou non, les enfants sont impliqués dans l'infidélité. Ils sont même parfois les premiers à découvrir, à la « sentir » chez l'un de leurs parents. Ils devineront, dès leur plus bas âge, la tension existant entre leurs parents ; ils percevront leur distance ou leur préoccupation. Les enfants sont hypersensibles aux messages non verbaux. L'enfant risque alors de manifester son insécurité ou sa peur d'être abandonné par des comportements régressifs (énurésie, cauchemars...), agressifs ou hyperactifs.

L'attitude à adopter envers les enfants dépend évidemment de leur âge. Il ne faut pas chercher à cacher ou nier un problème dont l'enfant prend conscience : il pourra difficilement vous faire confiance par la suite s'il sait ou sent qu'on lui ment. Vous pouvez faire comprendre aux plus jeunes enfants que, comme eux avec leurs compagnons de jeu, ils arrivent que papa et maman soient fâchés l'un contre l'autre, mais que vous faites des efforts pour améliorer la situation. Dans tous les cas, il faut sécuriser l'enfant en lui confirmant que vous deux continuez de l'aimer et qu'il a le droit de continuer d'aimer ses deux parents, que vous serez toujours là pour lui. La pire des réactions serait de vouloir protéger ou éloigner l'enfant du parent infidèle.

Avec les adolescents, il vaut mieux leur dire la vérité et les confronter à la réalité, sans mettre le blâme sur l'un ou l'autre parent et, surtout, ne pas leur demander de prendre parti. Ils apprendront ainsi la gravité et les conséquences que peut avoir une infidélité sur la relation de couple. Ils apprendront que leurs parents sont aussi des êtres humains et que la vie de couple n'est pas un long fleuve tranquille, qu'il y a souvent des tourbillons et qu'il faut apprendre à les gérer, peu importe si, suite à l'infidélité, la relation aboutit à un divorce ou à une réconciliation. Surtout, ils n'arriveront pas dans le monde adulte avec un lourd « secret » de famille qui influencera, consciemment ou inconsciemment, leur propre vie amoureuse. Ils sauront que la fidélité est une valeur.

Y a-t-il des situations où l'infidélité serait acceptable ?

Certains philosophes pensent que la fidélité pourrait être « bienheureuse ». Certains auteurs valorisent la « polysexualité ». Les échangistes se défendent d'être infidèles puisque leurs activités sexuelles se font d'un commun accord. Plusieurs pensent que la vie est trop courte pour la limiter à une seule relation et que les aventures extraconjugales sont une excellente façon d'entretenir l'excitation dans un couple. Certains thérapeutes vont même minimiser auprès de leurs clients les infidélités du partenaire (nos recherches démontrent que ces thérapeutes sont souvent eux-mêmes infidèles).

Permettez-moi de m'inscrire en faux devant tous ces arguments et ceux cités dans le chapitre sur les fausses croyances concernant l'infidélité. Il n'y a pas de doute que l'« animal sexuel », l'être de plaisir, qui existe en chacun aurait le goût d'aller de corps en corps à la recherche de sensations fortes et d'émotions intenses produites par la nouveauté. La question est de savoir « Qui dirige ? ». En tant que thérapeute conjugal et sexuel, je n'ai jamais rencontré de client qui n'ait été blessé par l'infidélité de son partenaire ou que quelqu'un dans l'entourage de l'infidèle n'ait souffert.

Mais, contesterez-vous, si les deux partenaires sont d'accords pour ne pas exiger l'exclusivité ? Ou si l'un des partenaires est invalide, cardiaque, impuissant ou souffre d'anérotisme, pourquoi l'autre n'aurait-il pas droit à une vie sexuelle active ? Ce sont de bonnes questions. Le problème est de savoir s'il s'agit bien d'un réel accord ou réel consentement ou si l'autre n'acquiesce pas à la demande de son partenaire de peur de le perdre. C'est du moins ce que m'ont confirmé plusieurs couples échangistes qui m'ont consulté. Il n'y a pas de doute que les expériences échangistes ou extraconjugales puissent être agréables en soi, mais c'est vraiment jouer avec le feu, comme me le démontrent mon expérience clinique et plusieurs recherches psychologiques.

Un « mariage open »[1] est généralement le signe que l'un des deux partenaires ne veut pas

---

[1] O'Neill, Nena et Georges, *Le mariage open*, Paris, Éditions Hachette, 1976.

sincèrement s'engager ou a peur de le faire. Ou qu'existent inconsciemment des désirs homosexuels refoulés. Le problème est qu'il y a plus que la sexualité impliquée dans un rapport physique. Si des paraplégiques et des hémiplégiques réussissent à vivre des orgasmes « psychiques », je ne vois pas pourquoi des couples, dont l'un des partenaires est invalide, cardiaque ou impuissant, ne pourraient pas, avec un peu d'imagination, développer une sexualité satisfaisante. Quant à l'érotisme, il y a toujours moyen de le stimuler avec l'accord de la personne qui a une faible libido.

La dignité, la confiance et le respect de soi et de l'autre sont les raisons pour lesquelles je favorise la fidélité dans les relations amoureuses. C'est un principe qui a toujours guidé ma vie et qui continuera de le faire. Je ne veux évidemment pas m'arroger le droit de dire ce qui est correct ou non pour les autres, mais tel est mon choix moral et éthique. Il me semble difficile d'approfondir une relation intime avec quelqu'un si je papillonne, ce qui ne m'empêche pas d'entretenir des amitiés profondes avec des personnes de l'autre sexe.

On peut faire le choix de la fidélité par peur des MST, du sida ou des conséquences, désastreuses pour le couple, de la découverte de l'infidélité. On peut aussi faire ce choix parce que l'on n'est pas assez sûr de son charisme et s'éviter ainsi des déceptions. Mais ces motifs sont enfantins. Il faut choisir la fidélité par éthique et parce que l'on croit que c'est la meilleure façon de vivre son intimité amoureuse.

Si vous avez d'autres questions, je vous propose de me les faire parvenir par l'intermédiaire du site www.coupleheureux.com. Je vous promets d'y répondre.

◇

Conclusion
L'erreur est humaine

L'erreur est humaine et le pardon, divin.
ALEXANDER POPE

Vous aurez remarqué que, nulle part au cours de ce texte, je n'ai utilisé le terme « adultère » tout simplement parce qu'il comporte une connotation populaire de péché et qu'il se limite à la seule dimension sexuelle. J'ai préféré le terme plus générique et plus neutre d'infidélité, quoi qu'il fasse référence à une faute. L'erreur est humaine, mais l'expérience est le résultat des erreurs dont on prend conscience. Accepter que nous apprenions par essais et erreurs, que nous ne soyons pas toujours à la hauteur de nos espérances et de celles des autres, que la chair soit faible et que l'occasion fasse le larron… c'est accepter d'être humain et que notre partenaire le soit aussi. L'erreur n'est pas tellement l'infidélité en soi que la croyance qu'elle soit sans conséquence ou qu'elle puisse être bienheureuse. L'erreur est de refuser d'apprendre de cette erreur, commise par soi ou son partenaire. L'erreur est de répéter la même erreur. L'erreur est d'accepter l'inacceptable : de croire que l'infidélité puisse être un acte isolé et sans conséquences.

L'erreur est de croire que l'on puisse vibrer physiquement, sans, en même temps, vibrer aux niveaux émotionnel et spirituel.

Témoignage

J'ai trouvé ce touchant témoignage sur Internet. J'en remercie l'auteur dont je n'ai pu malheureusement trouver l'identité.

« IL ME SEMBLE qu'il est impossible de parler de l'infidélité et de la perception qu'on peut en avoir sans aborder la question de l'amour lui-même. Un sujet susceptible de nous entraîner fort loin donc… Pour ma part, et à l'heure actuelle, la relation amoureuse est d'abord, et avant toute autre chose, le meilleur lieu de notre développement spirituel. Pour quelles raisons ? Tout simplement parce que c'est à travers la relation amoureuse que nos plus infimes faiblesses font saillies. Impossible de ne pas mettre le doigt sur nos travers les plus discrets dans un tel cadre. Ensuite, parce que les sentiments positifs qu'on éprouve pour l'autre sont une source d'énergie pour engager un processus de dépassement de soi-même, mais également pour épauler l'autre dans un dépassement de lui-même.

Nous voici donc très loin du mythe romantique de l'amour… et de la question de l'infidélité… ? Pas si sûr… Dans cette conception de la relation amoureuse, toute liaison avec une personne infidèle est inconcevable. Qu'on soit la personne trompée par l'infidèle ou la personne visée pour tromper. Les raisons qui poussent le trompeur à engager une liaison mensongère me semblent totalement en opposition avec cette volonté d'amour. La personne infidèle ne construit pas une relation, elle consomme des sensations amoureuses sans jamais s'engager. En effet, quel que soit le partenaire avec lequel elle est, elle ne peut être entière dans sa relation puisqu'elle a construit une situation qui l'empêche justement d'être pleinement présente. Elle trompe donc les deux personnes, le partenaire caché comme le partenaire affiché, et quelles que soient l'énergie ou la violence de ses démonstrations, il reste toujours une part d'elle-même qui n'est pas ouverte à l'autre ; l'abandon, le don de soi est définitivement impossible du fait même de la situation.

Autrement dit, la personne qui pratique l'infidélité est une personne éparpillée et vous n'aurez jamais d'elle que les miettes qu'elle trouve intérêt à vous abandonner. Bien entendu, nos émotions ne sont pas aussi contrôlables que la conduite d'une voiture. Mais on peut parfaitement choisir de ne pas les suivre. Nos désirs sont infinis ; pour ma part, il vaut mieux apprendre à les refréner que courir derrière leur satisfaction. Oui, il m'est déjà arrivé d'être troublée par une autre personne au cours de mes relations amoureuses. Dois-je pour autant céder à ce désir et engager une double relation ? Non, je ne le ferai jamais. Par respect pour moi, par respect pour mon partenaire et par respect pour cette personne qui me trouble. Je ne suis indispensable à l'équilibre de personne. Et personne n'est indispensable à mon équilibre. Il existe, en outre, des milliers de personnes susceptibles de me troubler de par le monde, avec lesquelles de merveilleuses histoires amoureuses seraient possibles. Si l'exercice de ma volonté ne place pas cette première limite, alors je risque fort de m'engager dans une course folle, une recherche frénétique dont je resterai à jamais frustrée. Et pour quel bénéfice ? Aucun, si ce n'est le plaisir éphémère de la consommation. Et avec quel inconvénient ? L'impossibilité d'engager une véritable relation d'amour, de celle qui conduise à une évolution des deux êtres, cette harmonie de la transparence.

La personne qui pratique l'infidélité me semble être restée à un stade totalement infantile de l'amour : je désire, je consomme. Et parfois même avec les caprices qui accompagnent le retrait de l'objet convoité… Et dans ce cadre, les personnes qui sont impliquées dans leur jeu ne sont plus regardées en tant que personne, mais juste en tant que réceptacle de leur désir : elles sont chosifiées, possédées, de la même façon qu'on possède une montre, un beau pantalon ou une télévision. Ce n'est pas de l'amour que ces personnes infidèles offrent, c'est leur besoin qu'elles vous plaquent sur le dos. »

Du même auteur

Si les disputes de couple sont inévitables, en vertu de différences neuro-bio-psychologiques qui distinguent hommes et femmes (ou schisme conjugal), il existe aussi bel et bien un « art de bien se disputer » ! Prenant acte de ces différences, l'auteur donne au lecteur des clés concrètes pour désamorcer les crises, dédramatiser le conflit et faire de la dispute une manière saine de s'épanouir à deux !

96 pages - 4,90 € - 9 CHF

IMPRIM'VERT
Votre imprimeur agit pour l'environnement

Achevé d'imprimer sur rotative par l'Imprimerie Darantiere à Dijon-Quetigny
en avril 2007 - Dépôt légal : janvier 2007 - N° d'impression : 27-0661

Imprimé en France